Ernst Kahls
Tafelspitzen

ERNST KAHLS

TAFELSPITZEN

KULINARISCHE PANNEN UND ANDERE DELIKATESSEN

KEIN & ABER

Ernst Kahls Bilder erscheinen seit 1992 unter dem Titel *Kahls Tafelspitzen*
im Gourmetmagazin *Der Feinschmecker*.
Wir danken für die gute Zusammenarbeit.
DER FEINSCHMECKER EDITION

1. Auflage, Frühling 2001

Der Text auf Seite 88 stammt aus dem Buch *Das letzte Bestiarium Perversum*
von Ernst Kahl, erschienen bei Rogner & Bernhard, im Vertrieb
Zweitausendeins (1999).
Einige Bilder sind dem Buch *Kahls Künste* entnommen, ebenfalls bei
Rogner & Bernhard erschienen (1997).
Umschlagbild: Ernst Kahl
Dias: Lutz Hiller und Asmus Henkel
Gestaltung: Ernst Kahl und Nick Ditzler
Lithos: Tiroler Repro / Der Feinschmecker / Kein & Aber
Gesamtherstellung: Tiroler Repro Druck, Innsbruck
ISBN 3-0369-5201-2

MENÜ

Vorwort 7

I In See, Teig und Meer 11

II Fleischeinlagen 25

III Saatkörner 37

IV Salatblätter 47

V Rate-Mahl 61

VI Durch das Jahr 73

VII Oans, zwoa, gsuffa 87

VIII Flieger in der Suppe 111

IX Horror, Hack und halbe Hähnchen 135

X Kunst und Kulinarisches 159

XI Gastbeiträge 169

VORWORT

vom Künstler selbst

Sie werden's nicht glauben, wer sich alles darum gerissen hatte, zu diesem Buch das Vorwort zu schreiben. Darunter berühmte Kriminalschriftsteller, Entomologen, Politiker, eine Malerin. Ja, sogar ein früherer Freund hatte angeklopft. Um nicht weiter bedrängt, nicht mit noch mehr Bestechungsgeschenken bombardiert zu werden, aber auch zur Vermeidung von Zwistigkeiten, ließ ich das Vorwort schließlich zur Chefsache erklären. Ich also höchstpersönlich betraute mich mit dieser außerordentlich schwer zu lösenden Aufgabe, denn keine Person ist mir unergründlicher als die meine, nichts erscheint mir so großartig und rätselhaft zugleich wie Ernst Kahls musikalisches, dichterisches, bildnerisches Werk. Ein Phänomen. Sie könnten jetzt annehmen, hier spräche ein an Selbstüberschätzung leidender überkandidelter Vollidiot, doch weit gefehlt! Ernst Kahl ist ein bescheidenes, etwas verloren wirkendes Männlein mit Überhang zur Untertreibung. Erklärungen und Analysen zu seinen Bildern, Zeichnungen und Texten im Buch kann ich aus den erwähnten Gründen nicht liefern, vielleicht aber eine Antwort auf die Frage nach der Ursache für sein vielseitiges Schaffen:

In der Absicht, einen gemütlichen Karpfen als Spielkameraden zu gewinnen, versank der damals Dreijährige in einem ländlichen Gewässer und wäre wohl längst auf dem Grunde desselben vermodert, hätte nicht eine zufällig in der Nähe weilende alte Melkerin den Knaben beim Schopfe gepackt und ihm durch Mund-zu-Mund-Beatmung sein Leben erhalten. Nun war besagte Dame eine große Geschichtenerzählerin und Zupfgeigengretel, auch malte sie bisweilen Porträts und nach der Natur. Ihr Odem ließ den kleinen Kahl nicht nur wieder lebendig werden, sondern schenkte ihm vermutlich auch die kreative Kraft, von der das mittlerweile gestandene Mannsbild heute noch zehrt.

Seit jenem Ereignis war ich für meine Eltern zu einem Rätsel geworden. Der Vater, kleiner gestrenger Sparkassenangestellter, die Mutter, eine auch nicht gerade groß gewachsene freundliche Hausfrau, sollten es nie gelöst haben können. Warum verweigerte ihr Sohn sich der Anpassung in der Schule, löste Rechenaufgaben mit Phantasie und meist falsch, spielte den Gehörlosen bei Diktaten, wieso wollte er denn keine Noten lernen? Achtjährig drängte es ihn, die Eltern mit seriöser Tätigkeit zu versöhnen: Er gründete ein Kaspertheater. Die selbstverfassten, ionesco-inspirierten Stücke erwiesen sich im kleinen Dorf auf dem holsteinischen Lande jedoch als nicht gerade erfolgreich. Mit zehn Jahren, nach Monaten verbissenen Sparens, das erste ernstzunehmende Musikinstrument, eine Ukulele. Zwei Jahre später die Wander-, dann die Schlaggitarre. Und manche Nacht, als die Eltern schliefen, kletterten er und sein Bruder Karl hinunter vom Balkon, um sich in Beatschuppen und Partykellern als Mitglieder der Band *The Kids* so vorzukommen wie Keith Richard und George Harrison. Tagsüber aber widmete sich Kahl mehr und mehr der Kunstgeschichte und Malerei. Die Schule hatte für ihn endgültig an Bedeutung verloren, als dort ein Kunsterzieher auftauchte, dessen ganze Liebe gotischer Schrift galt. Mit fünfzehn malte Kahl kubistisch, und als er sechzehn war, steckte sein Vater ihn in die Lehre. Grafisches Gewerbe, das habe immer Zukunft. Er sollte Klischeeätzer werden, ein Beruf, der heute schon lange nicht mehr existiert. Ein halbes Jahr später steckte ihn sein Vater in eine andere Lehre: Dekorateur. Ich lernte das Stecknadelnsortieren, das Tapetenunterscheiden und tauchte, wiederum ein halbes Jahr später, von der Bildfläche; machte mich aus dem Staube und ging in die Welt, lebte von Lautenspiel, Zeichnerei und Mundraub, um mich mit achtzehn als Student an der Hochschule für bildende Künste in Hamburg wiederzufinden; kam in den Genuss eines Stipendiums und studierte dort vermutlich heute noch, würden nicht die politischen Irrungen und Wirrungen auch auf diese Institution übergegriffen haben. Diskussion war gefordert und mit den Nerven am Ende machte Kahl sich erneut aus dem Staube, wurde Assistent des Leichenheinis eines großen Krankenhauses. Durch diese Tätigkeit stabilisiert, kehrte er zu einem kurzen Gastspiel an die Hochschule zurück, wo er dem großen David Hockney lauschte und der Comic sich ihm als Kunstform offenbarte. Der Rest dieses bis heute aufregenden Lebens ist schnell erzählt: Kurze Zeit Lehrer auf einer Nordseehallig, danach, der Liebe wegen, freier wie armer Maler in Ribe, Dänemark. Mittellos, bis zu dem wundersamen Ereignis, als ... aber lesen Sie selbst: Ich lag, erschöpft vom Sammeln übriggelassener Kartoffeln eines oberflächlich abgeernteten Ackers zu Hause auf der Matratze und sah einen Film über einen putzigen Kleinsäuger namens Siebenschläfer im TV, einem Geschenk meines Bruders, als es an der Tür klopfte und eine hochgewachsene, aparte Frau eintrat. Prinzessin Tatjana von Hessen war mir zuvor nie begegnet. Sie hatte einige meiner Bilder in einer kleinen ostholsteinischen Galerie gesehen und war gekommen, um weitere in Augenschein zu nehmen. Tatjana erschien mir wie ein Engel und als sie entschwand, war ich zwar um einige Bilder ärmer geworden, fühlte mich aber wie ein Krösus. Mit Tränen im Gesicht kam meine Liebste heim: Führerscheinprüfung nicht bestanden. »Na und?«, sagte ich, »zum Trost schenke ich dir ein Kleid, og senere spiser vi i byens bedste Restaurant!« Das Kleid mondän, Essen und Wein hervorragend, kurz, wir fühlten uns wie Rembrandt und Saskia auf dem berühmten Doppelporträt: Vornehm gewandet prosten die beiden dem Betrachter fröhlich zu. Es musste ihnen sehr gut gegangen sein.

Unser Glück hingegen sollte nicht lange währen. Nachdem wir uns im Ostholsteinischen niedergelassen hatten, verließ sie mich bald eines dänischen Piloten wegen. Ich blieb noch geraume Zeit, betrieb eine kleine Galerie, die eher einem Trödelladen glich und ließ mich 1980 von Hamburg erneut in die Arme nehmen. Ich arbeitete für die mittlerweile entschlummerte Satirezeitschrift *Pardon*, für *Konkret*, den *Stern*, illustrierte eine Enzyklopädie für Heranwachsende und brachte 1985 mein berühmtberüchtigtes *Bestiarium Perversum* heraus. Und zwischendurch immer wieder Musik. Mal Gitarrist, mal Schlagzeuger und Sänger bei der Chaos-Combo *Die Trinkende Jugend*, später *Ernst Kahl & Kayser*. Unsere letzte CD kennen Sie nicht? Unbedingt mal reinhören: *Der Cowboy weint*. 1990 mein erstes Drehbuch: *Werner – Beinhart*. 1992 das zweite: *Wir können auch anders*. Es war das Jahr, in dem mich Wolf Thieme, frischgebackener, inzwischen ehrenhaft verabschiedeter Chefredakteur des Gourmetmagazins *Der Feinschmecker* fragte, ob ich Lust hätte, für das Blatt monatlich ein komisches Bild kulinarischen Inhalts anzufertigen. Ich, der so viel von gehobener Küche versteht wie ein Boxhandschuh vom Streicheln, konnte mir solches für einen längeren Zeitraum zunächst gar nicht vorstellen, fürchtete, zu diesem Thema würden mir bald die Ideen fehlen. Doch als ich erfuhr, dass der Chefredakteur einer großen Wochenzeitung mit Thieme um eine Flasche Champagner gewettet hatte, Kahl würde dieser Arbeit nach einem halben Jahr überdrüssig sein und sie hinschmeißen, nahm ich die Herausforderung an. Zunächst erschienen die Bilder unter dem Titel *Kahls kulinarische Geisterstunde*, später geändert in *Kahls Tafelspitzen*. In dem 1994 zu meiner großen Ausstellung im Wilhelm-Busch-Museum in Hannover erschienenen Katalog *Balsam und Gift* schrieb Wolfram Siebeck: »Wir brauchen das Widernatürliche, das Absurde und den Aufstand gegen die Ratio. Wir brauchen Omas, die nicht lieb und gut sind, sondern ihr Gebiß zur tückischen Mausefalle umfunktionieren. Ernst Kahl stellt sie uns zur Verfügung. Er weiß – Narr, der er ist – um die wahren Bedürfnisse der Menschen. (...) Wenn es zulässig ist, aus den Gemälden eines Menschen Rückschlüsse (etwa auf Charakter oder Temperament) zu ziehen, wie es mit der Handschrift gern gemacht wird, so würde ich anhand seiner kulinarischen Bilder vermuten, dass Kahl noch nie in einem Feinschmeckerrestaurant war. (Oder – falls doch – dann gezwungenermaßen). Es ist ihm zu wünschen, dass er sich von diesen Stätten der barocken Lebenslust auch weiterhin fernhält. Denn so wie Karl May seine Westernhelden nur erfinden konnte, weil er nie in Amerika war, so käme die kulinarische Welt des Ernst Kahl aus dem Lot, wenn sich Erinnerungen an real existierende Genüsse zwischen ihn und seine Phantasie drängen würden.«

Das vorliegende Buch enthält neben den Bildern, die im *Feinschmecker* veröffentlicht wurden, auch Zeichengeschichten und Bilder für die Zeitschriften *Konkret*, *Titanic* und *Die Zeit* die thematisch hineinpassen und bestätigen, was *Vogue* einst über den Künstler schrieb: »Er ist der Böseste, Klügste und Verschrobenste der Götter des neuen deutschen Humors.«

Und nun hinein ins Vergnügen!

I

IN SEE, TEIG UND MEER

KAHL

Warten auf den Fisch

Eine trügerisch idyllische Szene, doch schlussendlich auch nur ein gemaltes, bescheidenes Bild: Am Tisch der hagere Graf Schietenhauer mit seiner Angebeteten, Elzbieta Szimanowski, glänzendes wiewohl letztes Glied einer ansonsten verrosteten Adelskette, deren erstes, Wawizyniec Faworski, vor mehr als vier Jahrhunderten geschmiedet worden war. Beleidigt hat Elzbieta ihre Hände in den Schoß gelegt, der Graf hingegen raucht eine wertvolle japanische Zigarette. Er hatte die polnische Pomeranze zu einem Diner im Freien eingeladen, und wie wir aus dem Bild schließen können, musste sie derselben gefolgt sein. Nicht herauszulesen leider, wie lange schon auf den gewartet wird, dessentwegen das Feuer lodert, Teller auf dem Tische stehen, den Fisch.

Justament, so scheint es, hat sich die kleine Gruppe hier jedenfalls nicht eingefunden, ja, fünf bis acht Stunden mögen durchaus seit ihrem Eintreffen verstrichen sein. Nur einen schwarzen Vogel sahen wir vor wenigen Minuten auf dem Ast über dem schlafenden Koch landen. Ein Todesbote? In alten Märchen gelten diese dunkelgefiederten Kollegen ja durchaus als Unheilsverkünder. Der schon erwähnte Koch jedoch, schläft er wirklich, wie eben gerade noch beiläufig behauptet? Oder blickt er mehr oder weniger zusammengesunken in die Flammen, blinzelt gar hinüber zum Angler, von dem niemand weiß, wie oft er seine Schnur schon auswarf? Angel-Paul, ein Thema für sich. Hatte mal anders geheißen, und in der Stadt nennen sie ihn nur die Nase. Wir verlassen den stoisch dasitzenden Burschen, senken unsere Blicke hinunter zur Muschikatze und schwenken nach rechts, um ein wenig bei Mamsell Magda zu verweilen, der einzigen stehenden Person im unregelmäßigen Rund. Ihr Ausdruck verrät kein Wörtchen über die Befindlichkeit ihrer Beine, die bleiche Gesichtsfärbung allerdings weist auf eine gewisse Blutleere und daraus resultierende Dumpfheit im Schädel hin. Einige Schritte entfernt die zweispännige gräfliche Karosse hinter den edlen Zugtieren Lotta und Sombrero. Auf dem Kutschbock die süße Lenkerin im geblümten Kleid mit weitausgeschnittenem Dekolleté. Sicher werden jetzt einige der männlichen Bildbetrachter unter uns bedauern, dass der Maler des Bildes kein Querformat bevorzugte. Himmel und Blattwerk müssen ihm wichtiger gewesen sein.

Gleißend reflektieren Teile der Wasseroberfläche die letzten Sonnenstrahlen, als ein im Dickicht verborgener Rothirsch die Nacht anposaunt. Und noch immer wartet man auf den Fisch. Ungestüm wird bald Dunkelheit hereinwallen, der Koch auf das Feuer größere Holzscheite stapeln. »Vielleicht«, wird sich der Graf vernehmen lassen, »vielleicht lockt das Licht ihn ja an, den Fisch.« Und auf Mamsell Magdas vorsichtige Anfrage, ob sie endlich den Champagner kredenzen dürfe, wird Elzbieta antworten: »Ohne eine vernünftige Grundlage im Magen? Da sind wir ja im Handumdrehen besoffski!« Das Gurren eines balzenden Eulenhahns wird zu hören, ein beutejagender Igel im Flammenschein zu sehen sein. Dann Finkenschlag in der Morgendämmerung. Ein Tag wie der gestrige. Warten auf den Fisch. Am Tisch der hagere Graf Schietenhauer mit seiner Angebeteten, Elzbieta Szimanowski, glänzendes wiewohl letztes Glied einer ansonsten verrosteten Adelskette, deren erstes, Wawizyniec Faworski, vor mehr als vier Jahrhunderten geschmiedet worden war. Beleidigt hat Elzbieta ihre Hände in den Schoß gelegt, der Graf hingegen raucht eine wertvolle japanische Zigarette. Wir haben genug gesehen und verlassen den Ort. Unser Weg führt hinaus aus dem Wald, vorbei an Feldern und bunten Wiesen zum schilfbewachsenen Seeufer, an dem wir Rast machen. »Seht nur!«, flüstert jemand. Zwischen dem Grün über dem Wasser ein Vogelnest und ... doch sehen Sie selbst.

Seezunge

Meerrettich

Viele Köche verderben den Brei

Unsere Küche war phänomenal:
Ein Koch aus den Staaten, ein Koch vom Ural,
Die anderen stammten aus Pakistan,
Sansibar, dem fernen Taiwan.
Ich stieß als waschechter Bayer dazu,
Eine bunte, fröhliche Crew.
Und ebenso unser Angebot:
Es ging von haschiertem Entrecôte
Bis hin zu Käse aus Bergwandererschuh
Auf gesottenem Kakadu.
Doch als mal Brei stand auf dem Plan
Wich unserm Frohsinn blanker Wahn.
Samson, der Koch aus Sansibar,
Würzte den Brei mit Büffelhaar.
Ich legte ein Stück Schlauch hinein,
Paniert mit geriebenem Gallenstein.
»Der Brei braucht Brie!« rief der Taiwanese,
»Pfefferkorn und Sauce Hollandaise!«
Dem widersprach der Indianer
Und goss in den Topf dreiviertel Silvaner.
»Mehr Senf!« schrie Mufti aus Pakistan,
»Mehr Rizinus und Majoran!«
Igor, dem bulligen Koch vom Ural,
War der Brei noch viel zu schal.
Er gab ein paar Späne aus Eisen zum Brei
Und seinen Ausweis von der Partei,
Da machte im Topf es leise Hatschi,
Es sah darin aus, ich weiß nicht, wie.
Der Gast, der den Brei dann ausprobiert,
Ist kurz danach auch explodiert.
Ich hör noch heut seinen letzten Schrei:
»Viele Köche verderben den Brei!«

Osterinsel

Tortenschlacht

KAHL

Christliche Bordbedienung

Die Suppe von Loch Ness

Prickelndes
Sektvergnügen

Wodka auf Eis

Kuchenteich

II
FLEISCHEINLAGEN

HERR ROHRMOSER VERREIST
EINE BAYRISCHE WEISSWURST MACHT URLAUB IN AFRIKA
Mir san die lustigen Holzhackerbuam!
Bimbo, a Maß!

Blindekuh

Fleischfressende Pflanze

S. geht um die Wurst

Armes Würstchen

Gänsekeulen

Bockwürste

Teifi, is dös hoaß!
FRESSI FRESSI MACHE! BRODZEID SCHÖN ZEID
STRAFEXPEDITION
Ein Lied, zwo drei vier!

Er fällt vom Fleisch

Essen auf
Rädern

Schweinsmedaillons

Beleidigte Leberwurst

III

SAATKÖRNER

IDEENSKIZZEN UND UNVOLLENDETES

Schweinsmedaillon

Wilhelm Tell

Grob- und Feinschmecker

Betthupferl

Apfelschimmel

Birnenmus

Fränkischer Bocksbeutel

Skulpture

Der verliebte Kellner

Erlebnisgastronomie

Aus einem Reisetagebuch

Ihr Flaschen!

Einmal Satansbraten

Im Zoorestaurant

Der verwirrte Kellner

Mit ihm ist nicht gut Kirschen essen

Grillfest

Der Kellnerwitz

IV
SALATBLÄTTER

DIE VERHALTENS-THERAPIE
EIN ERNST KAHL FILM
? THERAPIE !
ALS ICH ZU IHM GING, WAR ICH NOCH ETWAS UNSICHER
!
IMMER RAUS DAMIT!
Mein Mann wollte immer Ffff F.... F.... von morgens bis abends.
DOCH BALD FASSTE ICH VERTRAUEN ZU MEINEM THERAPEUTEN

Körnerfresser

?...
Ich konnte ..... gegen Fff... bald nicht mehr an!
ICH ERZÄHLTE FREI VON DER LEBER WEG. DOCH HÖRT UND SEHT SELBST....
?...
Schon wenn ich das Wort Ffff.... höre, muß ich brechen
SIE HABEN EINE PHOBIE!

Erdbärernte

Obsttag

EINE FLEISCH-PHOBIE!
Bröargh!
FF FLEISCH ... FLEISCHSCH!!!! FLEISCH! PHLEISCH... FLAISCH!
Aua Aua! Huhuh! Huh
FANG DIE FLEISCHWURST!
DIE THERAPIE WAR HART

Christstollen

»Gebäckträger!«

Gemüseauflauf

Ein Auflauf von Gemüse
Tobt heute durch den Ort.
Im Sprechchor wird gefordert:
»Schluss mit Gemüsemord!«

Streng prangert an die Zwiebel,
Dass man sie schält und hackt.
Der Schnittlauch brüllt: »Tod jedem,
Der Quiche mit Schnittlauch backt!«

Der Sellerie, die Gurke
Mit Vehemenz skandiern:
»Wir lassen uns nicht brühen,
Noch braten und blanchiern.«

Kohlrabi, Kohl und Kürbis
Marschieren Seit an Seit,
Ja, selbst die Kichererbse
Hat sich mit eingereiht.

Und roh den Kopf sie fordern
Vom Vegetarier.
»Fresst Fleisch!« brüllt das Radieschen,
»Wir opfern uns nicht mehr!«

Ein Auflauf von Gemüse
Löst sich bald auf im Ort
Und landet nächsten Morgen
Verdaut auf dem Abort.

Junges Gemüse

Sauregurken-
zeit

Der
Obstfreund

Schweinefraß

Letztes Jahr Himmelfahrt, auch Vatertag genannt, machten wir einen Bootsausflug. Mein Vater ruderte, ich saß auf der Heckplanke und pfiff eine Melodie, als mich der Anblick einer Insel still werden ließ. Sie schien mir nicht so recht in unsere holsteinische Landschaft zu passen mit ihren Zypressen, Pinien und dem etwas versteckt liegenden Säulengebäude. Auch meinem Vater, einem passionierten Heimatforscher, war dieses Eiland fremd, und wir beschlossen, es zu betreten. Kaum hatten wir angelegt und festen Boden unter den Füßen, kam eine Meute kleiner Schweine herangestürmt. Sie schienen uns warnen zu wollen und versuchten, uns zurück ins Boot zu drängen. Doch ein Ruf von weither, ein Ruf wie ein Befehl, veranlasste sie, so schnell wie sie kamen zu verschwinden. Eine in weißes Tuch gehüllte Frau trat hinter einer Säule hervor und schwebte, einen Stab himmelwärts haltend, uns entgegen.

»Wenn mich nicht alles täuscht«, stammelte mein Vater, »handelt es sich hier um Circe.« Circe? Die Zauberin aus der Ilias, dem homerischen Epos? Wie sollte die ausgerechnet hier und heute ...? Hastig riss mein Vater mich an sich, sprang ins Boot und schon schoss es, wie von einem Motor getrieben, davon. Als wir endlich ein uns heimisch dünkendes Ufer erreicht hatten, fragte mein Vater, wie er auf mich wirke, ob er einem Eber gleiche. Er schien mir unverändert. »Auch du, mein Sohn, hast nichts von einem Ferkel. Sie war zu weit weg, um ihre Zauberkraft wirken zu lassen«, lachte er und nahm mich in die Arme. Wir vertäuten das Boot und gingen in ein nahe gelegenes Restaurant. »Heute ist Vatertag«, sagte die Kellnerin, »da hat jeder männliche Gast ein Getränk frei«, und stellt mir ein Glas Milch und ihm ein Bier hin, wobei sie schmunzelnd meinte, dass Fasching doch eigentlich längst vorbei sei. Wir verstanden nicht. Genauso, wie sie Vater nicht verstand. Ratlos zuckte sie mit den Schultern, als er das Essen für uns bestellte. Wenig später wurde ihm eine Schüssel mit kalten gekochten Kartoffeln vor die Nase gehalten. »Das habe ich nicht bestellt!« grunzte er empört, »das ist ja der reinste Schweinefraß!« Mit einem Zug leerte er sein Glas, und wir verschwanden, ohne auch nur einen Bissen zu uns genommen zu haben. Es war spät geworden, als wir vor unserer Haustür standen und klingelten. Mutter öffnete und brach zusammen.

Eisbergsalat

V
RATE-MAHL

»Katerfrühstück« heißt das Bild. Leicht zu erraten. Wie aber sind die Titel der anderen Bilder?

I

II

III

IV

V

VI

VII

VIII

IX

X

XI

XII

XIII

XIV

XV

XVI

XVII

XVIII

Richtig geraten?

I	Verschimmeltes Brot
II	Ulknudel
III	Hahn im Korb
IV	Gerüchteküche
V	Scherzkeks und Trauerkloß
VI	Rollmöpse
VII	Spiegelei
VIII	Tafelspitz
IX	Ein blindes Huhn findet auch mal einen Korn
X	Satansbraten
XI	Um den heißen Brei herumreden
XII	Morgenkater
XIII	Dreikäsehoch
XIV	Naschkatzen
XV	Haar in der Suppe
XVI	Sandwich
XVII	Henkersmahlzeit
XVIII	Ausgelassener Speck

VI
DURCH DAS JAHR

Schneebesen
im Januar

Futterneid
im Februar

Kaltes Buffet
im März

Frohe Western
im April

Schnitzeljagd
im Mai

Hühnchen
im Juni

Ochsenschwanzsuppe
im Juli

Dämmer-
schoppen
im August

Pilzgericht
im September

Faules Obst
im Oktober

Zuckerguss
im November

Weihnachtsgans

VII
OANS, ZWOA, GSUFFA

Wasser

Ferien in Namibia –
Nach sechs Stunden bin ich da,
Und schon liege ich ganz cool
Im Liegestuhl am Swimming-Pool.
Ein schwarzer Mann steht hinterm Tor,
Streckt durstig seinen Becher vor.
Ich stehe auf und ruf ihm zu:
»The Swimming-Pool-Water is not good for you!«

Hallo, da kommt unser Animatör,
Und bald schon tobt am Pool der Bär.
Alle sind außer Rand und Band,
Wir tanzen Twist am Swimming-Pool-Rand.
Doch da steht er schon wieder, der schwarze Mohr,
Streckt durstig seinen Becher vor.
Wir winken und rufen: »Don't be a fool
You can't drink the water of the Swimming-Pool!«

Ob gut gebaut, ob dünn, ob fett,
Wir springen vom Einmeterbrett.
Ich schwimm auf'm Rücken und mal auf'm Bauch,
Doch am schönsten ist es, wenn ich tauch.
Ich tauche auf und glaub es nicht,
Wieder er mit Durst im Gesicht.
Ich sag zu ihm: »Your thurst may be big
But the Swimming-Pool-Water makes you feel very sick.«

Da zog er ab, ich sah ihn nicht mehr,
Doch vorher rief ich ihm hinterher:
»No matter, what kind of water you drink
Tab water or water of the spring,
Fizzy water and of course
You may drink water of the source.
But beware the doctor's rule,
Never drink water of the Swimming-Pool!«

No Milk today

Goethe in Frankreich

Letzte
Bestellung

Den Drogen keine Macht!

Wir saßen mal wieder beim alten Wirt,
Das ist es, was ich noch weiß.
Es wurde gesprochen und zugehört,
kalt war das Bier und das Thema heiß.
Wir sprachen über Kokain
Und über Opium,
Über das tückische Meskalin
Und tranken zum Bier zwei, drei Rum.

Dann habe ich noch eine Runde bestellt,
Ich glaub, es war Whiskey auf Eis.
Wir sprachen vom Übel dieser Welt,
Von all diesem Drogenscheiß,
Wir schimpften über Morphium,
Dem Haschisch galt unser Zorn.
Die Droge haut den Menschen um,
Dann stießen wir an mit Korn.

Wir waren uns einig wie jede Nacht
Den Drogen, ja den Drogen, den Drogen
keine Macht!

Dann schmiss der Wirt noch 'ne Runde Wein,
Wir tranken und haben geschrie'n.
Einer, ja, einer geht noch rein,
Und dem Dealer wird nicht verzieh'n.
Denn einer, der mit Drogen dealt,
Der kriegt von uns was aufs Kinn
Und wird danach ins Klo gespült,
Drauf stießen wir an mit Gin.

Wir waren uns einig wie jede Nacht:
Den Drogen, ja den Drogen, den Drogen
keine Macht!

Wir tranken auch noch Brüderschaft,
Ich weiß nicht mehr, mit was.
Auf gar keinen Fall war das Apfelsaft
Da in meinem Glas.
Wir vergaßen kurz den türkischen Schnee
Und das tunesische Shit.
Einer rief: »A votre santé!«
Ich sagte: »Prost, und runter damit!«

Wir waren uns einig wie jede Nacht:
Den Drogen, ja den Drogen, den Drogen
keine Macht!

Dann gab, ich weiss nicht wer, noch ein' aus,
Frag du mich nicht, was ich da trank.
Es tanzten die Füchse im Schneckenhaus
Zu Elefantengesang ...

Wir waren uns einig wie jede Nacht:
Den Rogen, ja, den Rogen, der Dorsch den
Rogen macht!
Es klang wie ein trotziger Schrei in der
Schlacht:
Den Rogen, ja, den Rogen, der Dorsch den
Rogen macht!
Mehr weiß ich nicht von der Nacht.

Who's drunk?

Der letzte Gast

KAHL

Ein toller Hecht

Wenn Jim allein an der Bar saß, dauerte es nie lange, dann hatte er weibliche Gesellschaft. Jim war ein Phänomen. Obwohl es sich bei uns längst herumgesprochen hatte, dass er die Frauen verschliss wie ein Marathonläufer seine Socken, übte seine Erscheinung eine nicht zu erklärende Faszination auf die Damenwelt aus. Vielleicht, weil er so schnell war.

Heute kam er wieder mal allein. Ich fragte, wo er die Lady von gestern gelassen hätte. »Hör bloß auf«, gähnte er genervt, »die ist längst gegessen«, und bestellte einen Weißen mit Fischli. »Aber die hatte Charme, sah gut aus«, sagte ich und schob ihm das Glas hin. »Mir reicht's, die Weiber kurz aufzureißen. Dann werden sie vernascht, und ich hab' meine Ruhe«, gab er cool zurück und schaute sich hungrig um, als zwei süße Backfische eintraten. Nicht verwunderlich, dass sie sich gleich zu ihm setzten und mit ihm flirteten. Ich war gespannt, welche der beiden er sich wohl schnappen würde.

Ich bewunderte ihn. Er war schon ein toller Hecht!

Auf langer Durststrecke

Karpfen und
Forelle Blau

Leichte Getränke

Schnapsidee

Candlelight Dinner

Rotwein zu Fisch

Auszug aus einem nicht realisierten Drehbuch

Pension Innen/Nacht. Hugo ist sauer: Sein Geld sieht er nicht wieder. Ein Geräusch. Er blickt zur Tür.

HUGO: Du?
OLGA: Ich habe Hunger. Du wolltest mich doch zum Essen einladen, oder?
HUGO: Stimmt. Aber wohin?
OLGA: Gibt's hier 'n Griechen?
HUGO: Ich weiß nicht. Ist mir eigentlich zu vornehm.
OLGA: Italiener?
HUGO: Da wird immer so laut gesungen. Nein, ich finde, wir gehen ... wir gehen ... genau, wir gehen zu mir!

Hugos Einzimmerwohnung Innen/Nacht. In seiner Kochnische befördert Hugo dampfende Spaghetti vom Sieb in eine Schüssel. Er nimmt einen Topf mit brodelndem Wasser vom Herd, gießt es ab, lässt kaltes Leitungswasser hinein und fischt eine flache, längliche Konservendose heraus. Vom bescheiden gedeckten Tisch aus beobachtet Olga verhalten belustigt sein Tun.

HUGO: Wenn der Fisch so erhitzt wird, behält er seinen Geschmack und verliert keine Wirkstoffe.
OLGA: Interessant.

Hugo öffnet die Dose, riecht, nickt und zerteilt den Fisch. Mit Sinn fürs Ornamentale legt er die Stücke auf die Spaghetti. Dann kommt ein satter Schuss Dosenmilch in die Konserve, eine Prise Pfeffer dazu. Hugo verrührt. Der rote Sauceninhalt bekommt Schlieren, wird schließlich lachsfarben. Er steckt grazil die Spitze seines kleinen Fingers hinein, leckt sie ab, verdreht die Augen.

HUGO: Ausgezeichnet!
OLGA: Ich glaub, du übertreibst ein bisschen.
HUGO: Ein Freund von mir ist Koch in einem Feinschmeckerrestaurant. Der macht eine Sauce genauso. Die heißt da ›Bretagniaise‹. Der absolute Renner.

Er gießt die ›Bretagniaise‹ auf die Spaghetti und stellt die Schüssel auf den Tisch.

OLGA: Bin ja mal gespannt!
HUGO: Du wirst nichts anderes mehr essen wollen.

Er legt ihr und sich auf, reicht ihr ein Marmeladenglas.

HUGO: Apfelsinenmarmelade.
OLGA: Passt das zusammen?

Hugo gibt Marmelade auf sein Essen.

HUGO: Farblich nicht, aber vom Geschmack. Einmalig.

Olga macht es ihm nach, isst.

OLGA: Tatsächlich, nicht schlecht!
HUGO: Kennst du die Lieblingsspeise der Hohwachter Ostseefischer?
OLGA: Doch nicht etwa Fisch?
HUGO: Ostseebutt. Aber was dazu?
OLGA: Kartoffeln?
HUGO: Stachelbeermus.
OLGA: Aber keine Apfelsinenmarmelade.
HUGO: Das hier ist ja auch Hering.
OLGA: Hast du etwas zu trinken im Haus?
HUGO: Natürlich! Entschuldige.

Hugo erhebt sich, geht zum abgewetzten Kühlschrank, öffnet ihn. Olga sieht nichts vom jämmerlichen Inhalt: eine leere Eierpackung, ein Wurstzipfel, eine viertel geleerte Rotweinflasche.

HUGO: Ich hätte da einen Silvaner oder einen aufgeweckten Grauburgunder ... oder vielleicht ...
OLGA: Ich kenn mich nicht so aus mit Weinen.
HUGO: Ich glaube, wir nehmen den Bordeaux! Genau!

Sie stoßen an, trinken, essen.

HUGO: Wun – der – bar!
OLGA: Ich hab noch nie Rotwein zu Fisch getrunken.
HUGO: Und?
OLGA: Ich bin überrascht.
HUGO: Wie gesagt. Wenn er kalt ist, ist Rotwein nicht nur für Wild der optimale Geschmacksträger. Prost!

Olga hat die ungeteilte Aufmerksamkeit von Hugos Katze.

OLGA: Was glotzt sie mich so an? Hat sie Hunger?
HUGO: Nein. Aber ich glaub ... sie ...
OLGA: Was?
HUGO: Wir hatten noch nie so'n schönen Besuch.

Karpfen und Forelle, wieder mal blau

Wein, Weib und Gesang

Hasenrücken in Rotwein

Umgekippter
Wein

Insekt

Schluckspechte

Im Weinkeller

Wasser zu Wein

Prost Neujahr

Kaffeeklatsch

VIII

FLIEGER IN DER SUPPE

UND ANDERE MERKWÜRDIGKEITEN

Der verwirrte Kellner

Nicht realisierter TV-Werbespot für ein konzentrationsstärkendes Pharmapräparat

Ein Kellner, wir sehen zunächst nur seinen Oberkörper, bedient einen Gast.

KELLNER: Einmal Entenbrust, bitte sehr!

Er nimmt einen Fisch vom Tablett, auf dem noch eine Gießkanne und ein Schnapsglas stehen, legt ihn auf den Tisch, entfernt sich.

GAST (ZU SICH): Entenbrust? Aber ich hatte doch Wildschwein bestellt ...

Beim weiblichen Gast stellt der Kellner das Glas ab, nimmt die Kanne, gießt. Das Glas füllt sich, die Decke wird feucht.

KELLNER: Machen Sie die Zigarette aus. Dies ist kein Raucherabteil.
DAME: Aber ... ich ... rauche doch gar nicht.

Er geht zu dem Tisch mit der Kleinfamilie.

VATER: Wir hätten gerne ...
KELLNER: Wir hätten gerne, wir hätten gerne! Kinder mit'm Willen kriegen was auf die Brillen!

Mutter und Kind blicken konsterniert.

VATER: Wie bitte?!

Jetzt erst sehen wir: Der Kellner steht ohne Hosen da. Hält eine Spielzeugente am Band.

KELLNER: Darf ich mal die Fahrausweise sehen?
MÄNNLICHER OFF-KOMMENTAR: Dieser Mensch braucht Hilfe!

Das Bild friert ein.

OFF-KOMMENTAR: Er braucht Hirnofit.

Des Kellners Gesicht dreht sich zu uns. Er steckt sich eine Pille in den Mund, hebt wie erleuchtet die Brauen.

OFF-KOMMENTAR: Hirnofit. Und du bist wieder voll da!

Der Kellner, jetzt mit Hose, fort ist die Spielzeugente. Auf dem Tisch der Dame Flasche und Weinglas, auf dem des Herrn ein Teller mit Braten und Gemüse – zurück zum Tisch mit der Kleinfamilie. Der Kellner nimmt die Bestellung auf.

KELLNER: Danke sehr.
MUTTER: Müssen Sie sich das nicht aufschreiben?
KELLNER (LACHT): Nein, das habe ich alles im Kopf! Bin voll da!

Schwirrt zur Dame, schenkt Wein nach.

DAME: Danke!

Er geht am Tisch des Herrn vorbei, verharrt.

KELLNER: Schmeckt's?
HERR: Ausgezeichnet!
KELLNER: Danke.

Kamera groß auf sein Gesicht. Er hält eine Pille hoch, schaut auf sie.

KELLNER: Danke, Hirnofit.

Lächelt uns an.

KAHL

Flieger in der Suppe

Kaltschale

Seniorenteller

Suppenkaspar

Futtern wie bei Muttern

Sahnehäubchen

Seinen Senf
dazugeben

Tischmusik

Bärenhunger

Kreative Küche

Woher ich käme, fragte der Küchenchef. »Aus Borneo«, antwortete ich. »Ach, deshalb Ihr Nachname Utan«, schmunzelte er, »dort heißt ja wohl jeder Zweite Utan.« »Und jeder Dritte mit Vornamen Orang«, gab ich zurück und wusste, dass ich mit diesem trockenen Scherz schon mehr als einen Fuß in der Küche hatte. Bislang hatte ich mich noch in keiner Küche heimisch gefühlt. »Und der Grund dafür?«, fragte der Küchenchef. »Zuviel Phantasie«, antwortete ich. »Sie sind unser Mann!« sagte er. Ich sah mich um. Wie hier vorgekaut, gerührt und gestampft wurde! Es war eine Freude, den neuen Kollegen bei der Arbeit zuzuschauen. Während der Chef mich herumführte, erläuterte er mir seine Philosophie: »Wir kochen nie nach Rezept, nur die Grundzutaten sind immer die gleichen.« »Und die wären?« fragte ich. »Kreativität, Kreativität und noch mal Kreativität, mein Lieber«, antwortete er lachend und schlug mir bei jedem Wort mit der Faust auf die Brust. »Unsere Leitfäden heißen Spaß und gute Laune, und weil hier durchweg gute Laune herrscht, haben wir auch Spaß am Kochen, wobei ...«, er wurde etwas nachdenklich, »man sich natürlich nicht verbrennen darf. Dann tritt der Schmerz an Freudes Stelle, und das Geheul ist groß.« »Und das Mitleid«, ergänzte ich. Er nickte: »Darum kochen wir auch nie heiß. Das ist die einzige Regel hier. Bei uns wird grundsätzlich kalt gekocht.« »Und was sagen die Gäste dazu?« Er schaute mich verständnislos an: »Wieso? Die essen, was auf den Tisch kommt. Wir lassen vorm Servieren immer abschmecken.« »Und wenn Sie's nicht anrühren, gibt's Ärger. Unsere Köche werden nicht beleidigt.« Der das sagte, war ein Riese von Kerl, der plötzlich hinter uns stand. »Herr Rilla, der Oberkellner«, stellte der Chef ihn mir vor. »Rilla?« scherzte ich, »dann heißen Sie sicher Go mit Vornamen, Go Rilla, Go! Haha.« Wie wenn er das überhört haben wollte, schob er mich zur Seite und majestolzierte zum Herd. Plötzlich herrschte spannungsgeladene Stille in der Küche. Er schnupperte, steckte einen Finger in den Topfinhalt, um ihn prüfend abzulecken. Alle hielten den Atem an, als er streng in die Runde blickte. Dann aber nickte er anerkennend. Jubel brach los, und ich wusste, dass ich in der Küche meiner Träume gelandet war.

Was aus der Küche zaubern

Schnellimbiss

Schwere Kost

Als der Chef einmal kochte

Ruhetag

Fischtag

His Master's Fish

Ei in the Sky

Windei
mit Hasenklein

Auf zum
Ostermarsch

Ach, du
dickes Ei

Falscher Hase

Ostern in Baskerville

IX
HORROR, HACK UND HALBE HÄHNCHEN

Was ist das für ein Krach da draußen?
Zwei zänkische Weiber, oh mein König!
Herein mit ihnen! Ich will Recht sprechen!
Ahoi, mein König!
Worum geht's, Meier?
Um dieses Hähnchen, mein König
Es ist **mein** Hähnchen!
Sie lügt! Es gehört **mir**!
So erzähle jede ihre Geschichte!

Der Kellner
von Notre Dame

Und dann hat sie's mir gestohlen!
Ich erbte das Hähnchen von meiner Oma, und fortan war's das Liebste, was ich besaß
Als ich einmal nicht aufpaßte, nahm die da mir's weg!
!
Scharf-richter!

Das Auge will mitessen

Teile das Tier in zwei gleich große Hälften!
Dann kriegen beide ein halbes Hähnchen, und der Streit hat ein Ende
Nicht töten! Haltet ein!
?
Gebt ihr das ganze Hähnchen. Es darf nicht sterben!
!
Legt die Dünne in Ketten, und bringt mir das Streitobjekt!

Der unheimliche Gast

Es gehört dir; denn du hast es weggeben wollen, um sein Leben zu retten. Du bist frei!
Dich aber, Diebin und Lügnerin, verurteile ich zu 120 Jahren Darben im Kerker!
Und wenn sie nicht gestorben ist, dann darbt sie da noch heute!
ENDE

Eiertanz

Tischleindeckdich

Drei Wünsche frei

Es war schon Nacht, als ich die Pension am Rande des Waldes erreichte. Die lange Wanderung hatte mich hungrig werden lassen, und nach kurzer Inspizierung des Zimmers ging ich auf die Terrasse, um an einem Einzeltisch Platz zu nehmen. Angesichts der gepfefferten Preise auf der Speisenkarte bedauerte ich, nicht mit Reiseproviant versorgt gewesen zu sein und war drauf und dran, mich davonzustehlen, als die anderen Gäste plötzlich verstummten. Ich hatte sie nicht kommen sehen, die bucklige Alte, die suchend um die Tische herumschlurfte, schließlich bei mir Halt machte und mich beäugte. Um ihrem Blick auszuweichen, hielt ich die Karte dicht vor mein Gesicht, tat, als würde ich lesen. Wer war die Frau? Was wollte sie ausgerechnet von mir? »Sie haben drei Wünsche frei«, schnarrte sie. Wahrscheinlich, vermutete ich, eine verkleidete und geschminkte Kellnerin, ein Einfall der Wirtsleute, den Gästen einen gruseligen Kitzel zu bereiten, und ich bin der tausendste Gast und habe ein Freiessen gewonnen. Ich zögerte nicht lange und bestellte Tomatensuppe, Wildschweinbraten und ein gemischtes Eis mit Sahne.

Nachdem sie mich ungläubig angestarrt, schlurfte sie in die Dunkelheit, und, wie von Geisterhand serviert, stand ein Teller Tomatensuppe vor mir. Sie mundete vorzüglich. Ich rieb meinen Bauch und schaute zum Himmel. Vollmond. Die Sterne blinkten, ich fühlte mich wie im Märchen. Speicheltreibender Duft stieg mir in die Nase. Kaum zu glauben, auf meinem Tisch der gewünschte Wildschweinbraten, garniert mit Rotkohl und Kroketten. »Darf ich sie mal kurz stören?« fragte ein Gast. »Nehmen Sie Platz«, erwiderte ich gutgelaunt und schnitt eine Scheibe vom Fleisch. »Verzeihung, aber ... sie müssen ein Idiot sein.« Ich hielt im Kauen inne. »Wie bitte?« »Seit Jahren finden wir uns hier jede Vollmondnacht ein, in der Hoffnung, von der Alten angesprochen zu werden, und da kommt einer wie Sie und wünscht sich so etwas.« Er deutete verächtlich auf meinen Teller. »Das letzte Mal, lang ist es her, erfüllte sie jemandem die Wünsche, ein Schloss zu besitzen, einen Harem und einen unsterblichen Schimmel. Der lebt heute noch.« Er deutete zur Wiese. Dort stand ein weißes Pferd und wieherte höhnisch. Mit den Worten: »Sie sind ein Volltrottel!« erhob er sich und ging zurück an seinen Tisch. Die Blicke der Gäste waren auf mich gerichtet, als der Becher mit dem Eis vor mir landete.

Ich hatte keinen Appetit mehr.

Rattenfänger

Drachenfutter

Himbeergeist

Ab ins
Schlaraffenland

Karpatenkost

Katervesper

Blutorangen

Betthupferl I

Betthupferl II

Die barmherzige Samariterin

Bacchanal

Der verliebte Schlachter

Die Kinder des Schlachters

Ungebetene Gäste

Leichen-
schmaus

In Teufels Küche

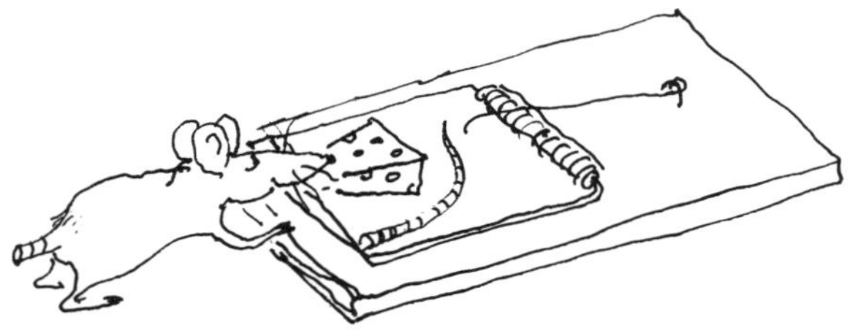

X

KUNST UND KULINARISCHES

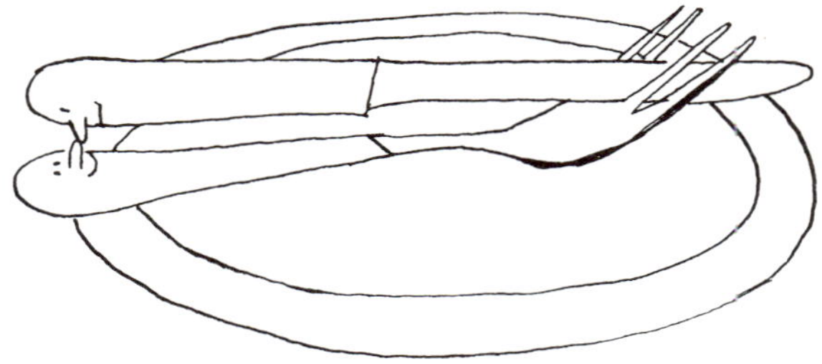

Ein früher Arcimboldo

Brotlose Kunst

Tomaten auf den Augen

In vino veritas

Marmorkuchen

Tafelobst

Ein Schuss Essig

Versalzene
Suppe,
gepfefferte
Preise

Erfolg durch Kunst

Als der damals berühmte Maler Jörg Immendorf auf St. Pauli eine Gaststätte kaufte, schenkten ihm seine Künstlerfreunde einen Posten Kunst zur Einweihung. Darunter war auch ein Spaten von Joseph Beuys. Weil er aber keinen Garten besaß, ließ der frischgebackene Wirt das Gerät über der Theke befestigen. Mit dem Spaten, den neuen Bildern an Decke und Wänden entwickelte sich das »La Paloma« ruck zuck zum Mekka der Kulturbeflissenen. Hier wurde das Bier nie kalt, hier war jede Nacht Trara. Der Laden brummte.
23 Uhr. Misa Moussaka hatte die Schnauze voll. Die letzten Gäste – »2 Tsatsiki, 1 Retsina und können wir noch etwas Brot haben?« – waren schon vor Stunden gegangen. Weitere ähnliche zwei Wochen, und sie würde den Laden dichtmachen müssen. Misa schaltete den Grill mit dem halben Hahn ab. Um die Ecke, bei »Crazy Horst« war tote Hose. Das tröstete Misa. Sie kippte einige Theodor Körner, zahlte und ging. Im »La Paloma« bogen sich die Balken. Misa trat ein, schnupperte, stieg vorsichtig in die Wogen und ließ sich zur Theke treiben, wo sie auf einem Poller Platz nahm, von dem gerade ein Künstler geplumpst war. Misa staunte: Was zog die Leute hierher? Bei ihr hingen doch auch Bilder, ihre Box spielte die gleichen Hits, und besser als ihr Bifteki waren die Frikadellen hier auch nicht! Da entdeckte sie den Spaten. War der die Ursache für den Erfolg dieser Kneipe? Misa hatte eine Idee: Schon am nächsten Tag hing ein Spaten über dem Eingang ihres Ladens, und als sie spät in der Nacht erschöpft ihre Einnahmen zusammenrechnete, nahm sie sich vor, in Zukunft eine Hilfe zu beschäftigen. Heute ist Misa Chefin einer erfolgreichen Imbisskette. Ihr Firmenzeichen: Der Spaten. Und manchmal flattert Beuys, der Engel mit der Filztarnkappe, an ihren Geschäften vorbei und wundert sich.

XI
GASTBEITRÄGE

Von Eva Muggenthaler, der Freundin des Künstlers

Eines jeden Menschenkindes Säuferkarriere
Hebt an mit einem scheinbar unscheinbaren Glas.
Ergreift es es und leert es es statt mit der Schere
Des bessern Wissens nicht zu kappen die Barriere,
Die es vor Suffes Sucht bewahrt – beißt es gar bald ins leberkomatöse Gras!

Aber kann man von einem einfachen Menschenkind verlangen,
Dass es sich gegen den Alkoholmissbrauch verschanzt und mithin schont,
Wenn selbst Gestirne ohne die geringste Angst vorm Bangen
Auf halber Lunge Filterlose (!) inhalieren wie der Mond?

Von Horst Tomayer, Mäzen und Dichter

Von Karl, dem Bruder

Von Hardy Kayser, Musiker und Freund

Von Nepomuk Jungblut, dem Vorfahren mütterlicherseits und Kupferstecher aus Mecklenburg

Von Laura Crawford, der Ur-Urgroßtante väterlicherseits aus Netherbroughton

Von Peter Marxen, singender Wirt des Forsthauses Hessenstein

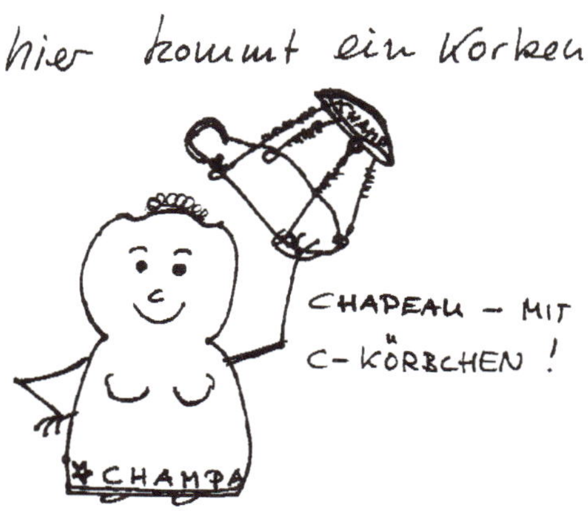

Von Madeleine Jakits, Chefredakteurin
Der Feinschmecker

Cholesterin in Ei und Schokolade
Salmonellen gibt's im Fisch
Vorbei das sorglos Schlemmen – ach wie schade!
Die Pharmazie versorgt den Tisch

Von Andreas-G. Stich, Caféhausdichter aus dem Café Katelbach in Hamburg-Ottensen

Von Paul und Albert Pukies, Lehrlinge im Atelier Kahl

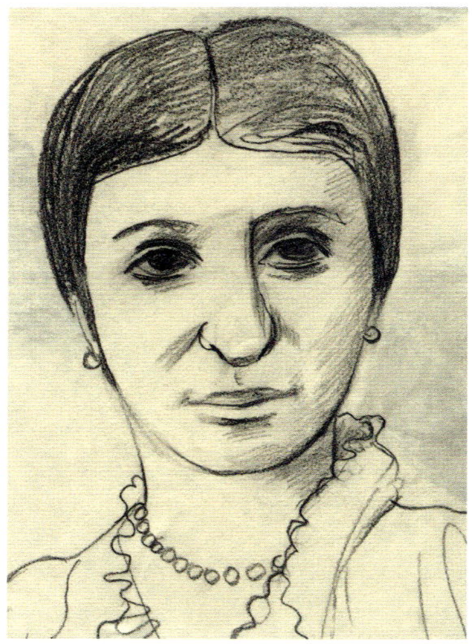

Gäste eines Budapester Feinschmeckerlokals, für den Film *Ein Lied von Liebe und Tod (Gloomy Sunday)*, als Wandschmuck gezeichnet von Törresz Ferenc.

Foto: Michael Kerstgens

Ernst Kahl, als Zeichner Törresz Ferenc, an einem Tisch des Budapester Feinschmeckerlokals im Film *Ein Lied von Liebe und Tod (Gloomy Sunday).*